LE

BRAVO

Opéra en trois actes et quatre tableaux

PAR

ÉMILE BLAVET

MUSIQUE DE

GASTON SALVAYRE

PARIS
IMPRIMERIE TYPOGRAPHIQUE KUGELMANN
12, rue Grange-Batelière, 12.

1875

LE BRAVO

OPÉRA

LE

BRAVO

Opéra en trois actes et quatre tableaux

PAR

ÉMILE BLAVET

MUSIQUE DE

GASTON SALVAYRE

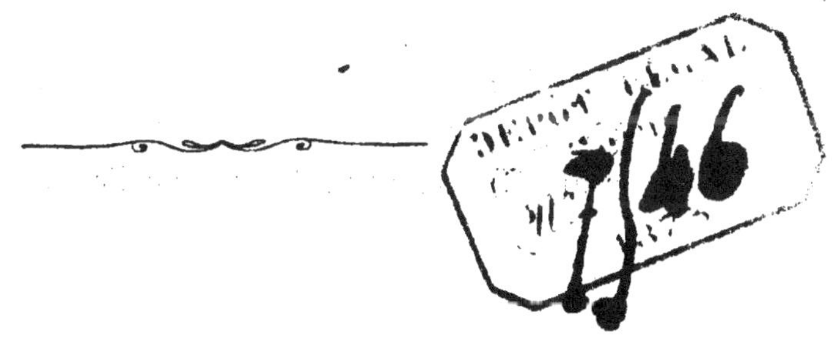

PARIS
IMPRIMERIE TYPOGRAPHIQUE KUGELMANN
12, rue Grange-Batelière, 12.

1875

PERSONNAGES

JACOPO	BARYTON.
LORENZO	TÉNOR.
GINO	2e TÉNOR.
CONTARINI	BASSE.
LE DOGE	BASSE.
VIOLETTA	SOPRANO.
ANNINA	DUGAZON.

LES DIX, SÉNATEURS, GONDOLIERS, PÊCHEURS, HOMMES ET FEMMES DU PEUPLE, DANSEURS ALBANAIS, GRECS, ETC., SBIRES, LE CORTÉGE DU DOGE.

La scène est à Venise.

LE BRAVO

ACTE PREMIER

PREMIER TABLEAU

Le quai du grand canal. — Au premier plan, à droite, le palais Contarini, avec balcon praticable ; à gauche, le palais de Montfort, tous deux éclairés par des lanternes extérieures. — Le canal traverse le théâtre dans sa largeur. Sur l'autre rive, à droite, la Salute ; au fond, à gauche, la Giudecca.

Il est neuf heures du soir. Au quai, sont amarrées des gondoles pavoisées et ornées de lanternes vénitiennes. Dans les gondoles et sur le quai, foule de pêcheurs et de femmes du peuple.

—

SCÈNE PREMIÈRE

PÊCHEURS, FEMMES DU PEUPLE

CHŒUR

LES HOMMES

O saint Marc, patron de Venise,
Toi qui gouvernes à ta guise
Les éléments capricieux,
Fais qu'à la nuit pleine d'étoiles
Succède une aurore sans voiles,
Présage d'un jour radieux !

LES FEMMES

Pavoisez vos gondoles
De riantes couleurs,

Et, couronnés de fleurs,
Chantez vos barcarolles !
Que jusqu'à Murano,
Gondoliers, on s'apprête
A célébrer la fête,
La fête de l'Anneau!

ENSEMBLE

O saint Marc, patron de Venise,
Toi qui gouvernes à ta guise
Les éléments capricieux,
Fais qu'à la nuit pleine d'étoiles
Succède une aurore sans voiles,
Présage d'un jour radieux !

Pendant le chœur, les hommes sont montés dans les gondoles qui s'éloignent dans diverses directions Les femmes agitent leurs mouchoirs et sortent à droite et à gauche.

SCÈNE II

JACOPO

Quand le théâtre est vide, un homme vêtu de noir, un masque sur le visage, paraît à l'angle du palais de Montfort, traverse la scène et, arrivé sous le balcon du palais Contarini, cloue sur la porte de ce palais un parchemin avec un poignard, soulève le marteau, le laisse retomber bruyamment et s'éclipse par la droite.

SCÈNE III

ANNINA, PUIS GINO

Après quelques instants, la porte du palais Contarini s'ouvre, Annina paraît sur le seuil, et, à la vue du parchemin, fait un mouvement de terreur.

ANNINA

Ah ! toujours cet avis fatal qu'à notre porte
Chaque soir une main mystérieuse apporte !
Voyons !

Elle détache le parchemin et lit à la lueur de la lanterne.

« Les Dix ont l'œil ouvert !... Veillez sur vous! »
Quelque nouveau malheur planerait-il sur nous?

Tandis qu'elle froisse, rêveuse, le parchemin menaçant, Gino, qui est sorti de la dernière gondole amarrée au quai, s'avance sur la pointe des pieds et essaye de le saisir.

GINO

Enfin, je vous y prends, ma belle,
A dévorer un billet doux !

ANNINA

Gino, point de sotte querelle
Ni de ridicule courroux !

I

GINO

Par saint Marc, j'aurai cette lettre !

ANNINA

Ma foi, non !

GINO

Mon rival, je veux le connaître !

ANNINA

Bah ! chanson !

GINO

Je dompterai ta résistance !

ANNINA

Trop de cris !

GINO

Dussé-je user de violence !

ANNINA

Ah ! j'en ris !

ENSEMBLE

GINO

J'étouffe de rage !
Ah ! j'aurai vraiment
Dans notre ménage
Beaucoup d'agrément !

ANNINA

Voyez comme il rage!
Nous aurons vraiment
Dans notre ménage
Beaucoup d'agrément!

GINO

Puisque à mes vœux tu ne veux pas te rendre,
Ce billet doux, je vais le prendre!

ANNINA

Tu dis?

GINO

Je vais le prendre!

ANNINA

Eh bien!
Prends le donc!

GINO

Tu le veux?

ANNINA

Sans doute.

GINO, *après une courte lutte.*

Je le tien!

ANNINA, *riant.*

Ah! ah! ah!

GINO

Je vais donc savoir!

Il lit et devient tout tremblant.

Dieu me pardonne!
C'est le sceau du Conseil! Pitié, sainte Madone!

Il veut rendre la lettre à Annina.

II

GINO

Annina, reprends cette lettre!

ANNINA

Ma foi, non!

GINO

Je ne parlerai plus en maître !

ANNINA

Bah ! chanson !

GINO

Prends pitié, ma terreur est grande !

ANNINA

Ah ! tant pis !

GINO

A genoux, je te le demande !

ANNINA

Moi, j'en ris !

Scène muette. Gino, suppliant, tend le parchemin à Annina qui finit par le prendre en haussant les épaules de pitié.

ENSEMBLE

ANNINA

Grâce à son courage
J'ai l'espoir charmant
D'avoir en ménage
Le commandement !

GINO

Son faible courage
Cède promptement.
J'aurai, je le gage,
Le commandement !

ANNINA

Ici, beau ténébreux, quel hasard vous amène,
Quel sombre dessein vous conduit ?

GINO

Il va se passer, ô ma reine,
D'étranges choses, cette nuit !
Demain, la *Belle-Sorrentine*,
Le brick de mon seigneur Lorenzo de Montfort,
A l'aube doit quitter le port
Et diriger son vol vers la rive latine
Où tous les deux nous fit naître le sort !

ANNINA

Tu ris ?

GINO

Par mon patron, j'ai dit vrai !

ANNINA

Quoi ! ton maître,
Parjure à ses amours, nous quitterait ?

GINO

Peut-être !
A moins que, par un doux accord,
Ses amours ne soient du voyage !
Ce doux accord est fait, je gage,
Car, dès que minuit sonnera,
Un canot discret et rapide,
Monté par six rameurs, dont je serai le guide,

Montrant le palais Contarini.

Sous ce balcon s'arrêtera.

ANNINA

Puis ?...

GINO

Puis, avec ceci,

Il tire de sa poche une échelle de soie.

pour peu qu'on soit agile,
Du balcon au canot le passage est facile.

ANNINA

C'est un enlèvement en règle ?

GINO

Je le croi !

ANNINA

Et, dans ce beau projet, que faites-vous de moi ?

GINO

Toi ?... L'on t'enlève aussi, ma belle !

ANNINA

J'admire son aplomb vainqueur !
Mais si, par devoir ou par peur,
Ma maîtresse à vos vœux allait être rebelle ?

GINO, *avec fatuité.*

Des femmes on connaît le cœur !

I

La femme, vois-tu, ma petite,
Aussitôt qu'Amour a parlé,
Et que dans son cœur il habite,
Obéit à ce monstre ailé !
C'est en vain que pour s'en défendre
Elle fait tout ce qu'elle peut ..
Amour ordonne, il faut se rendre...
Ce qu'Amour veut, femme le veut !

II

Oui, toutes, oui, toutes, Ninette,
Fille de pêcheur ou de roi,
Blonde ou brune, tendre ou coquette,
Subissent la commune loi.
Toi-même, hélas ! pour t'en défendre
Tu fais en vain ce que tu peux...
Gino parle, il faut bien l'entendre,
Ce que Gino veut, tu le veux !

ANNINA

Le fat !... mais trêve de parole !
Mes maîtres vont rentrer... Adieu, beau séducteur !

GINO

Adieu, mon ange ! adieu, mon cœur !
Moi, pour charmer l'heure qui vole,
En attendant le seigneur de Montfort,
Je vais, couché dans ma gondole,
De tes beaux yeux rêver encor !

ENSEMBLE

GINO

Je vais, couché dans ma gondole,
De tes beaux yeux rêver encor !

ANNINA

Il va, couché dans sa gondole,
De mes beaux yeux rêver encor !

Annina rentre dans le palais Contarini. Gino s'étend dans sa gondole et s'arrange pour dormir.

SCÈNE IV

JACOPO, LES SBIRES, GINO, *dans la gondole.*

Jacopo, suivi de six sbires, entre par l'angle du palais Contarini. Ils ont plutôt l'air de glisser sur le sol que de marcher. Scène muette. Le bravo désigne à ses hommes les places où ils doivent se dissimuler, met un doigt sur la bouche pour leur recommander le silence, un autre à l'oreille pour leur dire d'être attentifs. Les sbires gagnent chacun la place indiquée, comme s'ils disparaissaient sous terre, et, au moment où s'ouvre la porte du palais de Monfort, Jacopo s'éclipse lui-même derrière le palais.

Lorenzo sort, va vers Gino qu'il trouve endormi, puis se dirige vers le palais Contarini.

SCÈNE V

LES MÊMES, CACHÉS, LORENZO, PUIS ANNINA

LORENZO

Dix heures !. . ce soir, je devance
L'instant si doux
Du rendez-vous.
Pardonne, cher amour, à mon impatience !
Pour déjouer ce complot infernal,
Il faut agir !

Regardant autour de lui.

Personne ! le signal !

I

Vénus à l'horizon scintille
Comme un clou d'or ;
Discrètement la lune brille
Sur l'eau qui dort !

C'est l'heure des tendres paroles
Où, dans la nuit,
Les mystérieuses gondoles
Glissent sans bruit !

Ange, dont mon âme est éprise,
Entends ma voix,
Qui sur les ailes de la brise
Monte vers toi !
C'est moi ! c'est moi !

II

Quand les donneurs de sérénades,
Sous les balcons,
Egrènent leurs folles roulades
Et leurs chansons ;
Quand, sur la nef aux blanches voiles,
Les matelots
Content leur amour aux étoiles,
Leur peine aux flots...

Ange, dont mon âme est éprise,
Entends ma voix
Qui sur les ailes de la brise
Monte vers toi !
C'est moi ! c'est moi !

Sur la ritournelle, le balcon du palais Contarini s'est entr'ouvert ; Annina paraît.

LORENZO

Annina !

ANNINA

C'est vous, cher seigneur !

LORENZO

Ta maîtresse ?

ANNINA

Elle et son tuteur,
Depuis une heure, au clair de lune,
Se promènent sur la lagune.

LORENZO

Quel fâcheux contretemps !

ANNINA

Craignez que le jaloux
Ici bientôt ne vous surprenne !
Il vous hait, cher seigneur, ne bravez pas sa haine !
Jésus ! ce serait fait de vous !

LORENZO

Je m'éloigne, mais pour revenir.. le temps presse !
Annina, préviens ta maîtresse,
Dis-lui qu'il y va de mes jours,
Que son bonheur, que nos amours
Sont menacés !... Il faut que tout à l'heure
Je puisse lui parler !

ANNINA, *à part*

Ce n'était point un leurre,
Gino m'avait dit vrai !

Haut.

Cher seigneur, c'est compris !
Mais hâtez-vous de fuir, car vous seriez surpris !

LORENZO

A tout à l'heure !

ANNINA

A tout à l'heure !

Elle rentre et referme le balcon. Lorenzo va vers le quai et réveille Gino qui dort dans la gondole.

LORENZO, *le secouant*

Gino !

GINO, *rêvant*

Chère Annina

Il s'éveille.

Je rêvais !

LORENZO

Indiscret !
De ta belle, en rêvant, tu trahis le secret !
Mais tu n'as point trahi mes ordres, j'imagine !

GINO

Le canot, les rameurs, pour minuit, tout est prêt !

LORENZO

C'est bien !

Il monte dans la gondole

Pousse jusqu'à *La Belle-Sorrentine.*

La gondole s'éloigne. Le bravo reparaît. Il donne un léger coup de sifflet et, à l'instant, il est entouré des six sbires.

SCÈNE VI

JACOPO, LES SBIRES

JACOPO

Vous avez entendu ?... Le mot d'ordre est donné
Pour minuit !... A minuit, que tout soit terminé !

Adhésion muette des sbires.

ENSEMBLE

JACOPO

La nuit
Est sombre ;
Sans bruit
Dans l'ombre
Eloignons-nous !
Ayez
Des ailes ;
Soyez
Fidèles
Au rendez-vous !

LES SBIRES

La nuit
Est sombre ;
Sans bruit
Dans l'ombre
Eloignons-nous !
Ayons
Des ailes ;
Soyons
Fidèles
Au rendez-vous !

Ils s'éloignent à droite et à gauche. La décoration change à vue.

DEUXIÈME TABLEAU

L'oratoire de Violetta. — Au fond, une grande fenêtre vitrée donnant sur un balcon de marbre. — A droite, deuxième plan, porte d'entrée ; premier plan, porte des appartements du sénateur Contarini. — A gauche, deuxième plan, petite porte de service ; premier plan, porte conduisant chez Violetta. Entre les deux portes, un prie-Dieu surmonté d'une statue de la Vierge.— De chaque côté de la fenêtre, riche console.—Vieilles tentures, ameublement sévère. — C'est la nuit, le théâtre n'est éclairé que par la veilleuse qui brûle devant la Vierge

Au lever du rideau, la scène est vide. Annina entre, pensive, par la petite porte de service.

SCÈNE PREMIÈRE

ANNINA, PUIS VIOLETTA ET CONTARINI

ANNINA, *froissant le parchemin entre ses doigts.*

« Les Dix ont l'œil ouvert !... Veillez sur vous ! » La peste
Du messager d'enfer qui me poursuit ainsi !
Ce parchemin sent le roussi !
J'y flaire un présage funeste !
Mes maîtres tardent bien !... Ce sont eux, Dieu merci !

La porte d'entrée s'ouvre. Entrent quatre valets portant des flambeaux ; puis Contarini et Violetta.

CONTARINI, *aux valets.*

Qu'on nous laisse !

Les valets posent les flambeaux sur les consoles, et sortent.

Annina, retirez-vous...

VIOLETTA, *vivement*

Demeure !

CONTARINI

Eh quoi !...

VIOLETTA

Monseigneur, voici l'heure

Où ses soins me sont précieux.
Pourquoi ces airs mystérieux ?
Annina fut toujours ma compagne fidèle,
Presque ma sœur... Je n'ai pas de secrets pour elle.

CONTARINI

Tu le veux ?... Qu'il soit fait suivant ta volonté.
D'ailleurs, le moment est suprême,
Ma fille... il faut que ce soir même,
Par toi notre arrêt soit dicté !
Entre le cloître et moi, choisis... Je te fais juge !

VIOLETTA

O ciel !

CONTARINI

Il n'est d'autre refuge !
Venise, à qui ton père, esclave de nos lois,
En mourant, a légué ta tutelle et ses droits,
Craignant de voir passer en des mains étrangères
Tes domaines héréditaires,
Veut au fond d'un couvent ensevelir tes jours !
Elle l'a décidé ! Ce sera ! De secours
Ici-bas, tu n'en peux attendre
Que de moi !... Prends ma main... Elle saura défendre
Et ta jeunesse et mes amours !
Tu ne me réponds pas ?

VIOLETTA

Je n'ose...

CONTARINI

Quel mystère
Sur ta lèvre retient un aveu nécessaire ?

VIOLETTA

Mon cœur se trouble et la raison me fuit !

CONTARINI

Ce doute où se débat ta pauvre âme indécise
Creuse l'abîme sombre au fond duquel Venise
Guette sa proie et tend ses piégés dans la nuit !

Parle... ma tête blanche et ma face ridée
Font-elles peur à tes vingt ans ?

ANNINA, *à part*

Ah ! ah ! ah ! la plaisante idée,
Marier cet hiver avec ce frais printemps !

CONTARINI

Vois-tu, ces jeunes gens frivoles,
A l'air insolent et vainqueur,
Ne savent aimer qu'en paroles,
Tout dans la tête, rien au cœur !
Mais les vieux, dont la tête penche
Comme un saule au déclin du jour,
Gardent sous leur couronne blanche
Une âme encor vierge à l'amour !

ENSEMBLE

VIOLETTA

Mon âme sourde à sa tendresse
S'indigne à ses propos brûlants,
Mais j'ai pitié de sa vieillesse,
J'ai pitié de ses cheveux blancs !

CONTARINI

Prête l'oreille à ma tendresse,
Je tends vers toi mes bras tremblants !
Oh ! prends pitié de ma vieillesse,
Prends pitié de mes cheveux blancs !

ANNINA

Oui-dà ! l'éloquente tendresse
Et le modèle des galants,
Qui, pour plaire à tant de jeunesse,
Se pare de ses cheveux blancs !

CONTARINI

Maintenant que tu lis jusqu'au fond de mon âme,
Veux-tu rester ma fille où devenir ma femme ?

VIOLETTA

Mon père !

CONTARINI

Ah !

ANNINA

Les soupirs ne sont pas des raisons !

VIOLETTA, *sévèrement.*

Nina !

ANNINA

Seigneur ! que de façons
Pour dire que son cœur est pris... et qu'on le garde !

CONTARINI

Ciel !

ANNINA

Mais, motus ! en rien ceci ne me regarde !

ENSEMBLE

CONTARINI

Je sens gronder en moi
Une sourde colère !
Malheur à qui l'on me préfère !
Malheur à qui reçut sa foi !

VIOLETTA

Mon cœur, glacé d'effroi,
Craint tout de sa colère !
Lorenzo, toi que je préfère.
Lorenzo, je tremble pour toi !

ANNINA

Il sait tout, grâce à moi !
Je ris de sa colère,
Car Lorenzo, qu'elle préfère,
Saura nous protéger, ma foi !

CONTARINI. *ironique*

Et quel est-il le joli page
Qui de votre cœur m'exila ?
C'est un de ces beaux fils. je gage,
Qui triomphent... sans dire holà !

Comme cela...
Comme cela...

Il singe grotesquement les allures des jeunes beaux.

ANNINA, *l'imitant*

Tra la la la !
Tra la la la !

CONTARINI

Vous vous taisez ?... C'est Lorenzo, peut-être ?

ANNINA

Lui-même ?

VIOLETTA

Qu'as-tu dit ?

ANNINA

Nos vaisseaux sont brûlés !

CONTARINI

Eh ! quoi ? cet étranger, ce traître,
Ce chef des mécontents contre nous enrôlés !
Ce Calabrais de la noble Venise
Est le secret et mortel ennemi !

VIOLETTA

S'il m'a pour femme, il sera son ami !

ANNINA

Il tient à vous qu'il s'humanise !

ENSEMBLE

CONTARINI

Je sens gronder en moi
Une sourde colère !
Malheur à qui l'on me préfère !
Malheur à qui reçut sa foi !

VIOLETTA

Mon cœur glacé d'effroi
Craint tout de sa colère !
Lorenzo, toi que je préfère,
Lorenzo, je tremble pour toi !

ANNINA

Il sait tout, grâce à moi...
Je ris de sa colère !
Car Lorenzo, qu'elle préfère,
Saura nous protéger, ma foi !

Entre un valet.

SCÈNE II

LES MÊMES, UN VALET, PUIS JACOPO

CONTARINI

Qu'est-ce donc ?

LE VALET

C'est un messager
Du suprême conseil...

VIOLETTA

Dieu !

CONTARINI

Voilà le danger !
Qu'on l'amène !

Le valet sort, et presque aussitôt entre Jacopo, le masque sur le visage.

JACOPO

Salut à Votre Seigneurie !

VIOLETTA

Je vous laisse...

JACOPO

Restez, madame, je vous prie !
De notre maître à tous, l'un et l'autre, écoutez
Les souveraines volontés !

CONTARINI, VIOLETTA, ANNINA

D'une vague terreur mes sens sont agités !

JACOPO, *lisant un parchemin*

« Venise, à son devoir fidèle,
« De dona Violetta retire la tutelle
« Au sénateur Contarini .. »

VIOLETTA, *à part.*

O Lorenzo, tout est fini !

JACOPO, *continuant*

« Demain, la gondole ducale,
« Quand luira l'aube matinale,
« Ira la prendre à son réveil. »
Telle est la volonté suprême du Conseil
Devant qui tous courbent la tête.
Donc, au lever du jour, madame, soyez prête !

VIOLETTA

Viens, Nina !

Violetta et Annina sortent.

JACOPO

Vous, seigneur, sans perdre un seul instant,
Chez les Dix, qu'un devoir impérieux assemble,
Suivez-moi !

CONTARINI

Bien, j'y cours...

JACOPO

Nous sortirons ensemble,
C'est l'ordre !

CONTARINI

Un mot à dire !...

JACOPO

Allez... je vous attend !

Contarini entre dans son appartement à droite.

SCÈNE III

JACOPO, *seul.*

Quel sinistre dessein cache donc ce message
Que j'ai senti dans l'âme une étrange douleur ?

Il enlève son masque.

Sans ce velours épais qui couvre mon visage,
Je n'aurais pu cacher mon trouble et ma pâleur !

Mais l'odieuse tâche
Qui me fait leur bourreau
Exige que je cache
L'homme sous le bravo !
Un terrible mystère
M'imposa cette loi !
Est-il sur cette terre
Plus malheureux que moi ?

Un bâillon sur la bouche
Et le cœur muselé,
Je vais, sombre et farouche,
Dans ma honte exilé !
Car un affreux mystère
M'imposa cette loi !
Est-il sur cette terre
Plus malheureux que moi ?

Bruit à droite. Jacopo remet son masque. Contarini paraît et fait signe qu'il est prêt. Ils sortent. La porte de Violetta s'ouvre doucement. Elle entre en scène.

SCÈNE IV

VIOLETTA, *seule*

Partis !... Mon cœur en proie à des chagrins mortels
Vient chercher un refuge aux pieds des saints autels !

Elle s'agenouille sur le prie-Dieu.

O source de toute tendresse,
Je me prosterne à tes genoux !
Prends pitié de notre détresse !
Sainte Vierge, protége-nous !

Elle se lève.

Lorenzo, quand ma lèvre prie,
Ma pensée est auprès de toi,

Et, dans l'image de Marie,
C'est ton image que je voi !

Elle s'agenouille.

O source de toute tendresse...

Elle se lève.

Je ne puis... à d'autres liens
Mon âme retourne sans cesse !
Lorenzo, mon bien aimé, viens !. .

LORENZO, *au dehors*

Vénus, à l'horizon scintille
Comme un clou d'or !
Discrètement la lune brille
Sur l'eau qui dort !
C'est l'heure des tendres paroles
Où, dans la nuit,
Les mystérieuses gondoles
Glissent sans bruit !

Ange, dont mon âme est éprise,
Entends ma voix
Qui, sur les ailes de la brise
Monte vers toi !
C'est moi ! c'est moi !

VIOLETTA

C'est lui !... c'est Lorenzo !

SCÈNE V

VIOLETTA, LORENZO

LORENZO, *enjambant le balcon*

Chère Violetta !

VIOLETTA, *dans ses bras*

Cher Lorenzo !... Béni soit Dieu qui m'écouta !

LORENZO

Bonheur suprême,
Trop rare, hélas !

Celle que j'aime,
Est dans mes bras !

Mais vous avez la main brûlante !

VIOLETTA

Que vous avez tardé ce soir !
On a la fièvre de l'attente !
Je craignais de ne pas vous voir !

LORENZO

Ne pas me voir, quelle folie !
Mais ces jolis yeux ont pleuré !

VIOLETTA

Je vous vois, et mon cœur oublie
Tous ses tourments, cher adoré !

ENSEMBLE

Bonheur suprême,
Trop rare, hélas !
Celle
Celui que j'aime
Est dans mes bras !

VIOLETTA

Mais de vos bras un pouvoir implacable
Demain va venir m'enlever !
Des Dix c'est l'ordre impitoyable !...

LORENZO

Eh ! qu'importe ?... Il faut le braver !
Il faut fuir !...

VIOLETTA

Quoi ! fuir !

LORENZO

Tout de suite,
Sans tarder un instant !... La fuite
C'est le salut, c'est le bonheur !

VIOLETTA

Le bonheur, dites-vous ?... et la honte !...

LORENZO

Seigneur!
Quel soupçon vous étreint le cœur, chère adorée ?
De mon honneur douteriez-vous ?
Par la mémoire vénérée
De mes aïeux, demain je serai votre époux!
Fuyons!... la *Belle Sorrentine*,
Où flotte l'étendard glorieux des Montfort,
Enfle ses voiles dans le port,
Au gré de la brise marine!
De fleurs le navire est paré
Et pour ce doux hymen l'autel est préparé...
Fuyons!

VIOLETTA

Sauvez-moi de moi-même
De la peur, du remords!... de l'angoisse suprême!

Coup de sifflet au dehors.

Ce signal!

LORENZO

C'est Gino qui vient au rendez-vous
Avec sa gondole rapide.
Annina près de lui vous servira de guide.
Allez .. je vous rejoins...

Violetta sort par la petite porte à gauche.

Seigneur, protégez nous!

Lorenzo va tirer le verrou de la porte d'entrée, et revient vers le balcon qui s'ouvre violemment et donne passage à Jacopo.

SCÈNE VI

LORENZO, JACOPO

JACOPO

Arrête!

LORENZO

Un inconnu!... Place! . je te l'ordonne!

JACOPO

Tu ne passeras pas ! Seul, je commande ici !

LORENZO

Oses-tu me parler ainsi ?
De quel droit ?

JACOPO, *découvrant sa poitrine*

Du droit que me donne
Ce talisman !

Il montre le sceau des Dix.

LORENZO

Ciel ! le sceau du Conseil !
Traître ! c'est toi qui lui donnas l'éveil !

ENSEMBLE

LORENZO

Sous le doute et l'effroi
Tout mon être frissonne !
C'est le diable en personne
Qui se moque de moi !

JACOPO

Sous le doute et l'effroi
Tout son être frissonne !
C'est le diable en personne
Qu'il a cru voir en moi !

LORENZO, *raillant*

Mais vous venez trop tard, mon maître !

JACOPO

Vraiment ?

LORENZO

L'oiseau s'est envolé !
Vous le guettiez sous la fenêtre,
Par la porte il s'en est allé !

JACOPO

Crois-tu ?

On entend un coup de sifflet au dehors.

LORENZO, *à part.*
Mon sang dans mes veines se fige !

JACOPO
Dis ! reconnais-tu ce signal ?
C'est Gino !

LORENZO
Dieu ! par quel prodige ?

JACOPO
C'est Gino qui, sur le canal,
Vous attend ?

LORENZO
Alors, tout à l'heure,
Ce n'était pas lui ?

JACOPO
C'était moi !

LORENZO
Trahison ! mais j'y cours !

JACOPO
Demeure !

Gino entre par la petite porte de service.

Voici Gino qui vient à toi !

SCÈNE VII

LES MÊMES, GINO

LORENZO
Ah ! la force m'abandonne !
Oui, ce sbire, c'est Satan !

GINO, *sans voir Jacopo.*
Que Monseigneur me pardonne,
Mais son serviteur attend...
Vainement sous la fenêtre
Je comptais voir apparaître
Votre fiancée et vous...

LORENZO, *désignant Jacopo*
Il avait dit vrai, le traître !

GINO

Le bravo ! c'est fait de nous !
Ah ! je sens fléchir mes genoux !

ENSEMBLE

LORENZO ET GINO

D'un indicible effroi
Tout mon être frissonne !
C'est le diable en personne
Que j'ai là devant moi !

JACOPO

D'un indicible effroi
Tout leur être frissonne !
C'est le diable en personne
Qu'ils ont cru voir en moi !

LORENZO, *menaçant*

Puisque Violetta m'est ravie,
Traître, du moins, j'aurai ta vie !

JACOPO, *montrant sa poitrine*

Par ceci, je suis défendu !

On frappe violemment à la porte d'entrée.

LORENZO

Quelqu'un !

JACOPO, *à Gino*

Ouvre donc cette porte !

Gino va ouvrir. Entre Contarini.

LORENZO

Contarini ! .. Tout est perdu !

SCÈNE VIII

LES MÊMES, CONTARINI

CONTARINI

Holà ! que personne ne sorte !
Par saint Marc, que fait-on ici ?

JACOPO, *montrant le sceau des Dix.*

Vieillard, reconnais-tu ceci ?

CONTARINI

Ciel ! Violetta...

JACOPO

Tu n'as plus de pupille !
Venise te reprend sa fille...
Ni lui ni toi ne la reverrez plus !

LORENZO

Lâche !

CONTARINI

Pitié !

JACOPO

Pleurs et cris superflus !

LORENZO

Je ne la verrai plus !

CONTARINI

Je ne la verrai plus !

Sur ces deux dernières répliques, Jacopo a battu en retraite. Arrivé au balcon, il l'enjambe et disparaît. On entend dans le lointain le chœur du premier tableau.

LE CHŒUR, *au dehors*

O saint Marc, patron de Venise,
Toi qui gouvernes à ta guise
Les éléments capricieux,
Fais qu'à la nuit pleine d'étoiles
Succède une aurore sans voiles,
Présage d'un jour radieux !

Le rideau tombe.

ACTE DEUXIÈME

La place Saint-Marc. — Au fond l'église. — A droite, troisième plan, le palais ducal et l'entrée de la Piazzetta; deuxième plan, le Campanile. — A gauche, la maison de ville, avec balcon bas et praticable; sous le balcon, un banc de pierre. — La place est brillamment pavoisée. C'est la fête du mariage du doge avec l'Adriatique.

SCÈNE PREMIÈRE

JACOPO, *circulant dans les groupes*, GINO, PÊCHEURS, GONDOLIERS, HOMMES ET FEMMES DU PEUPLE, DANSEURS ET DANSEUSES, ETC.

LE CHŒUR

Célébrons la belle journée
Si chère à notre souvenir:
Dans un radieux hyménée
Le doge à la mer va s'unir!

LES FEMMES

La fiancée aux berçantes caresses,
Soumise et fière, attend le fiancé.
Seul, il saura les profondes ivresses
De son flot bleu mollement cadencé!

LES HOMMES

Le fiancé, le doge magnifique,
Pour célébrer le glorieux accord
De notre ville avec l'Adriatique,
Va lui donner son brillant anneau d'or!

CHŒUR DANSÉ

LES FEMMES

Nous qui sommes faites
Pour charmer les fêtes,

Légères, dansons !
Pour guider la danse,
Chantons en cadence
Nos folles chansons !

LES HOMMES

Les amours sont vos guides,
Vous les suivez, rapides,
Sans jamais vous lasser ;
Vous êtes dans le monde
La gaîté vagabonde
Qui ne fait que passer !

TOUS

Célébrons la belle journée
Si chère à notre souvenir !
Dans un radieux hyménée
Le doge à la mer va s'unir !

SCÈNE II

LES MÊMES, UN HÉRAUT

LE HÉRAUT

Vénitiens, dans un concours nautique,
Les gondoliers vont montrer leur valeur.
Par le Doge et la République
Une rame d'argent est offerte au vainqueur.

GINO

Une rame d'argent ?... Je pourrais bien vous dire
L'heureux gondolier qui l'aura.

LE CHŒUR

Ah ! ah !

GINO

Ecoutez donc, au lieu de rire.

LE CHŒUR

Ah ! ah !
Conte nous donc cela !

GINO

I

Sombre, sur la clarté de l'onde,
Gracieuse et charmante à voir,
Ma gondole, sur l'eau profonde,
Glisse comme un beau cygne noir.

Vive et folle,
Ma gondole
Comme l'aile d'un lutin,
Belle et fière,
La première
Arrivera, c'est certain !

LE CHŒUR

Ah ! ah ! ah ! ah !
Le beau gondolier que voilà.

II

Dans la nuit, quand elle se penche,
Montrant l'éclair de son falot,
On dirait une étoile blanche
Qui se fait bercer par le flot.

Vive et folle
Ma gondole
Comme l'aile d'un lutin,
Belle et fière,
La première
Arrivera, c'est certain !

LE CHŒUR

Ah ! ah ! ah ! ah !
Le beau gondolier que voilà !

VOIX, *dans la coulisse.*

Vengeance !

GINO

Dieu ! quels sont ces cris !

LE CHŒUR

Qui vient ainsi troubler la fête ?

SCÈNE III

LES MÊMES, TROIS PÊCHEURS, PUIS LORENZO

LES TROIS PÊCHEURS, *entrant.*

Vengeance !

GINO

O saint Marc, je frémis.

LE CHŒUR

Parlez, que rien ne vous arrête !

PREMIER PÊCHEUR

Au fond du canal Orfano,
Le cadavre d'Antonio
Gît, frappé lâchement au sein
Par le poignard d'un assassin !
Nous devons venger cette offense !

LE CHŒUR

Vengeance !
Antonio, nous le jurons,
Tous ici nous te vengerons !

PREMIER PÊCHEUR

Mais quel est donc l'auteur du crime ?

GINO

Ne cherchez pas. . c'est le Bravo !

LE CHŒUR

Le Bravo !

GINO

Ce n'est point là la première victime
De Jacopo !

LE CHŒUR

C'est le Bravo !
Où le trouver, afin qu'il meure !

GINO

Il était ici tout à l'heure...

Montrant Jacopo qui tourne le campanile.

Et tenez, le voilà !

LE CHŒUR

C'est lui ! Mort au Bravo !
Au meurtrier d'Antonio !

JACOPO

Malheur à qui porte la main sur moi !

LE CHŒUR

A mort ! A mort !

LORENZO, *fendant la foule*

Laissez cet homme, il est à moi !

LE CHŒUR

Quel est cet inconnu, ce traître ?

GINO

Un traître, lui ! c'est Lorenzo, mon maître !
Vous pouvez les laisser s'expliquer tous les deux,
Et vous serez servis bientôt selon vos vœux.
Allons, éloignons-nous, retournons à la fête
Et, quand nous reviendrons, ce sera chose faite !

LE CHŒUR

Puisque la vengeance s'apprête,
Amis, retournons à la fête !

Ils sortent.

SCÈNE IV

LORENZO, JACOPO

LORENZO

A nous deux maintenant ! Traître, tu parleras !
L'heure du mensonge est passée !
Qu'as-tu fait de ma fiancée ?

JACOPO

Seigneur, ne m'interrogez pas !
Un terrible serment me condamne au silence !

LORENZO

Crains de lasser ma patience !

JACOPO

Eloignez-vous !

LORENZO

Je m'attache à tes pas !
Parle ou meurs !

JACOPO

Frappez donc ! .. Vous me verrez sourire
Et bénir, en tombant, ce fer, ce fer sacré !
Vienne la mort ! Après elle j'aspire !
Elle mettra fin au martyre
Que m'impose un joug exécré !

LORENZO

D'un sympathique émoi je ne puis me défendre !
Parle... dis-moi ce secret douloureux.
Les malheureux sont doux aux malheureux !
Leurs cœurs sont faits pour se comprendre !

JACOPO

Vous l'exigez, je me rends à vos vœux !

I

Au bord du golfe Adriatique,
Loin du bruit, un pauvre pêcheur
Sous une masure rustique
Abritait son obscur bonheur.

Deux beaux enfants, nés sur la grève,
De joie emplissaient la maison !
Jamais le vieillard, même en rêve,
N'entrevit un autre horizon !

Or, quand le fils eut atteint l'âge
Où tout citoyen est soldat,
Il partit pour un long voyage
Sur les galères de l'Etat.

Tandis qu'avec les Turcs le fils allait en guerre,
La fille, ange gardien, consolait le vieux père !

II

Leurs jours se passaient en prière,
Dans leur ombre ils étaient heureux !
Soudain, comme un coup de tonnerre,
Le malheur éclata sur eux !

Un de ces beaux fils, dont fourmille
Venise, l'impure cité,
Osa de l'innocente fille
Flétrir la fleur de chasteté !

Lors le vieillard, ivre de rage,
Guetta le lâche séducteur
Et, pour venger l'infâme outrage,
Lui mit son stylet dans le cœur !

Et quand le fils revint, tout joyeux, de la guerre,
Il n'avait plus de sœur, et l'on jugeait son père !

III

Pour racheter sa tête chère
En vain le fils offre ses jours,
Rien ne touche ces cœurs de pierre,
A ses sanglots ils restent sourds.

Mais l'un d'eux, moins impitoyable,
Lui dit : Décide de son sort ;
Veux-tu la grâce du coupable ?
La prison au lieu de la mort ?

Prends ce masque, prends cette lame,
Des bravi signes abhorrés ;
Vends-nous ton bras vends-nous ton âme,
Sois Bravo !... Ses jours sont sacrés !

Ce masque, ce poignard, je les pris !... Et mon père,
Depuis ce jour maudit, sous les plombs désespère !

LORENZO

Ah ! malheureux ! c'était donc toi !

JACOPO

Moi qui, depuis dix ans, subis ce dur martyre,
Qui ne sais plus aimer, qui ne sais plus sourire,
Dont le front est ployé sous cette horrible loi !

La peur, la haine
Et le mépris
Sont de ma chaîne
Le triste prix !
Et, quand je passe,
Autour de moi
Chacun s'efface
Avec effroi !

Ma vie est à jamais brisée !
Mais mon père, du moins, fut sauvé du bourreau,
Grâce à la main que me tendit Tiepolo.

LORENZO

Le père de ma fiancée ?

JACOPO

Lui-même !... Suis-je donc encor votre ennemi ?

LORENZO

En toi je devine un ami,
Mais tu ne peux, hélas ! rien pour nous !

JACOPO

Rien ?... Peut-être !
Seulement il faut disparaître...
L'air qu'on respire ici, cher seigneur, est malsain ;

Chaque mur cache un noir dessein,
Et chaque pavé couvre un piége!
Quittez ces lieux... Bientôt le Doge va passer!
Ils sont vos ennemis ceux qui lui font cortége.

LORENZO

Sur leur pas je veux me placer,
Leur montrer qui je suis, moi, qu'ils voudraient chasser!

JACOPO

Les voici!... que Dieu vous protége!

Jacopo s'éloigne et rentre à gauche dans la maison de Ville. Les cloches sonnent à toute volée, les trompettes retentissent, le cortége du doge sort de l'église Saint-Marc. La place se remplit de curieux.

SCÈNE V

LORENZO, LE DOGE ET SON CORTÉGE, CONTARINI, LE CONSEIL DES DIX, LE SÉNAT, PEUPLE.

MARCHE TRIOMPHALE

Quand le doge arrive à l'avant-scène. Lorenzo se précipite à genoux devant lui. Le cortége s'arrête. La marche est interrompue.

LORENZO

Justice, monseigneur, je l'implore à genoux!

LE PEUPLE

Vraiment, l'heure est propice,
Pour demander justice!

LE DOGE

Venise doit justice à tous...
Parlez... que voulez-vous de nous?

LORENZO

La fiancée à qui j'avais voué ma vie
Un ordre du Conseil hier me l'a ravie!
On discute mes droits, on confisque mes biens...
Mes biens, mes droits, je vous les abandonne;

Mais il n'appartient à personne
De briser de tendres liens !

LE DOGE

Son nom ?

LORENZO

Violetta Tiepolo !

CONTARINI, *intervenant.*

C'est elle
Dont Venise, seigneur, m'a repris la tutelle,
Elle, dont ce noble étranger,
Dans un but que demain nous aurons à juger,
Convoitait l'immense fortune.
Sa plainte est donc inopportune.
D'ailleurs, le Conseil est saisi.
Lui seul doit prononcer !

LE DOGE

Puisqu'il en est ainsi,
Rien ne nous retient plus ici !
Adieu donc ! L'heure s'avance,
Que la fête recommence !

Reprise de la marche. Le cortége s'éloigne et sort par la Piazzetta, suivi de la foule.

SCÈNE VI

LORENZO, *seul.*

Ainsi, malgré le sang qu'ont versé mes aïeux,
A me rendre raison ici l'on se refuse !
Je me vois repoussé par un doge orgueilleux,
Je demande justice, et c'est moi qu'on accuse !

O Venise, ingrate cité,
Puisse le ciel qui ne tolère
Ni l'oubli ni l'impiété
T'anéantir dans sa colère !

Mais qu'ai-je dit? O Venise, pardon !
Je ne puis maudire ton nom !

Car, malgré tout, ville charmante,
Berceau de nos jeunes amours,
En souvenir de mon amante,
Je veux, je dois t'aimer toujours !

J'oublierais l'offense reçue
Et le vieillard qui m'insulta,
Si tu pouvais m'être rendue,
Toi que j'adore, ô Violetta !

Pendant cet air, Jacopo est sorti de la maison de Ville, s'est approché silencieusement de Lorenzo et le touche du doigt à l'épaule.

SCÈNE VII

LORENZO, JACOPO

JACOPO

Celle qui loin de vous, seigneur, gémit et pleure,
Si je vous la rendais, maudiriez vous la main
Qui me mit sur votre chemin ?

LORENZO

Dis-tu vrai ?... Je pourrais la revoir !

JACOPO

Tout à l'heure !
Mais hâtez-vous ! Les instants sont comptés
Et d'invisibles yeux veillent de tous côtés !
Tandis que vous direz la tendre litanie,
Moi, je ferai le guet aux alentours. .

LORENZO

Ma vie
Et ma fortune sont à toi !

JACOPO

J'y mets un plus haut prix !

LORENZO

Que veux-tu ?

JACOPO

Donnez-moi
Votre main !

LORENZO

La voici, maître, je te la donne
De grand cœur !

JACOPO, *montrant le balcon*

Eh bien, donc, voyez !

Le balcon s'est ouvert et Violetta y est apparue.

LORENZO, *voyant Violetta*

Sainte Madone !
Violetta !

SCÈNE VIII

LES MÊMES, VIOLETTA

VIOLETTA

Lorenzo, c'est bien toi
Qui m'appelle, que je revoi !

Lorenzo s'élance sur le banc de pierre et presse les mains de Violetta.

LORENZO

N'est-ce pas un cruel mirage ?
Je contemple ton cher visage,
J'entends frémir ta douce voix !

VIOLETTA

Oui, c'est bien moi !

ENSEMBLE

Si c'est un rêve,
Rêve radieux, sans pareil,
Ah ! que jamais il ne s'achève,
Que jamais il n'ait de réveil !

VIOLETTA

Tous nos chers souvenirs, à cette heure suprême,
S'éveillent dans mon âme et font battre mon cœur !

LORENZO

Oh ! parle, redis-moi cet enivrant poëme
De mes jours asservis à ton charme vainqueur.

VIOLETTA

I

Te souviens-tu, mon bien-aimé,
De cette belle nuit de mai
Où dans la lagune profonde
Phœbé mirait sa tête blonde !
Mon cœur, doucement oppressé,
Suivait un rêve commencé...
Ta gondole frôla la mienne
Et ma main effleura la tienne...
Tes yeux rencontrèrent les miens !.
Te souviens-tu ?

LORENZO

Je me souviens !

II

Nuit d'amour, belle nuit de mai,
Où t'apparut le bien-aimé !
Cette nuit-là, nous échangeâmes
Pour l'éternité nos deux âmes !
Je sentis que j'étais à toi
Et que ta foi serait ma foi !
Et je me dis : quoi qu'il advienne,
Ma fortune sera la sienne
Et ses soucis seront les miens !
Te souviens-tu ?

VIOLETTA

Je me souviens ?

ENSEMBLE

LORENZO

Nuit d'amour, belle nuit de mai,
Où t'apparut le bien aimé !
Cette nuit-là, nous échangeâmes
Pour l'éternité nos deux âmes !
Nuit d'amour, belle nuit de mai !

VIOLETTA

Nuit d'amour, belle nuit de mai,
Où m'apparut le bien-aimé !
Cette nuit-là, nous échangeâmes
Pour l'éternité nos deux âmes !
Nuit d'amour, belle nuit de mai !

Clameurs dans la coulisse.

JACOPO, *intervenant.*

Alerte ! Ecoutez ce signal !
La fête va finir... Alerte !

LORENZO

O sort fatal,
O sort jaloux qui nous sépare !
Tous ces beaux rêves sont finis !

VIOLETTA

Va, la main de Dieu qui répare
Bientôt nous aura réunis !

LORENZO

Dieu n'est plus avec nous !

VIOLETTA

Ce doute est un blasphème !
Peux-tu douter de Dieu quand je suis près de toi ?

LORENZO

Par quel divin secret gardes-tu cette foi ?

VIOLETTA

Ce secret, le voici : mon Lorenzo, je t'aime !

LORENZO

Le voilà donc, ce talisman !
Ah ! redis-le, ce mot charmant !

VIOLETTA

Je t'aime !

LORENZO

Encor !... De ce mot adoré
Mon pauvre cœur est altéré !

VIOLETTA

Je t'aime !

LORENZO

Avec ta lèvre, avec tes yeux
Redis ce mot délicieux !

VIOLETTA, *le baisant au front.*

Je t'aime !
Je t'aime... et je me donne à toi !

LORENZO

Le ciel s'entr'ouvre devant moi !
Je crois !... Félicité suprême !
Du sort acharné contre nous
Je brave gaîment tous les coups,
L'exil, l'absence, la mort même !
Je t'aime !

VIOLETTA

Je t'ai donné mon talisman.
Répète aussi ce mot charmant !

LORENZO

Je t'aime !

VIOLETTA

Encor !... De ce mot adoré
Mon pauvre cœur est altéré !

LORENZO

Je t'aime !

VIOLETTA

Avec ta lèvre, avec tes yeux
Redis ce mot délicieux !

LORENZO

Je t'aime !

ENSEMBLE

Je t'aime !

Nouvelles clameurs dans la coulisse.

JACOPO, *intervenant.*

Allons, seigneur, l'heure s'achève...
Elle a sonné... séparez-vous !

VIOLETTA

Hélas ! ce n'était qu'un beau rêve !
Déjà te fuir, ô mon époux !

LORENZO

Ah ! qu'il est cruel de suspendre
Un entretien si charmant et si doux !

JACOPO

La foule approche... elle va nous surprendre !
Si vous tardez, c'est fait de nous !

LORENZO

Eh ! qu'importe la foule après nous déchaînée,
Quand la brise marine et le flot amoureux
Unissent leurs accents profonds et langoureux
Pour célébrer notre hyménée !

VIOLETTA

C'était ainsi, mon bien-aimé,
Dans cette belle nuit de mai,
Nuit d'amour où nous échangeâmes

Pour l'éternité nos deux âmes!
T'en souviens-tu, mon bien-aimé!

ENSEMBLE

VIOLETTA

Te souviens-tu, mon bien-aimé,
De cette belle nuit de mai,
Nuit d'amour où nous échangeâmes
Pour l'éternité nos deux âmes!
Te souviens-tu, mon bien-aimé!

LORENZO

Il se souvient, ton bien-aimé,
De cette belle nuit de mai,
Nuit d'amour où nous échangeâmes
Pour l'éternité nos deux âmes!
Il s'en souvient, ton bien-aimé!

A ce moment, on entend les fanfares qui signalent la fin de la fête et l'approche de la foule.

JACOPO

Ciel! les voici... rentrez, madame, au nom de Dieu!

VIOLETTA

Adieu donc, Lorenzo!

JACOPO

Ne dites pas adieu...
Car vous le reverrez...

VIOLETTA

Bientôt?

JACOPO

Ce soir, peut-être...
Devant Dieu qui m'entend, c'est juré!

LORENZO

Merci, maître!

A Violetta.

Au revoir!

VIOLETTA

A ce soir !

Violetta rentre et le balcon se referme. Le bravo rentre dans la maison de Ville et Lorenzo s'éloigne par le fond à gauche.

BALLET - PANTOMIME

Le mariage du Doge avec l'Adriatique.

SCÈNE IX

GINO, LES CHŒURS

Fanfares. La foule se précipite par la Piazzetta sur la place Saint-Marc. Des gondoliers portent Gino en triomphe sur leurs épaules.

LE CHŒUR

Gloire au pilote habile,
Au gondolier agile,
Au pêcheur diligent !
Qu'ici chacun acclame
Le vainqueur de la rame,
De la rame d'argent !

On dépose Gino à terre, on le presse, on l'entoure.

GINO

Souffrez, amis, que je respire !

LE CHŒUR

Bravo ! bravo !
Vive Gino !

GINO

Ah ! vous ne songez plus à rire !

LE CHŒUR

Bravo ! bravo !
Vive Gino !

GINO

Car, sur la lagune profonde
Prenant l'essor sans embarras,
Alcyon qui se rit de l'onde,
Docile à l'effort de mon bras,

Vive et folle,
Ma gondole,
Comme l'aile d'un lutin,
Belle et fière,
La première
Toucha le but, c'est certain !

LE CHŒUR

Bravo ! bravo !
Vive Gino !

TOUS

Célébrons la belle journée,
Le jour divin, le jour béni
Où dans un superbe hyménée
Le doge à la mer s'est uni !

Le rideau tombe.

ACTE TROISIÈME

La cour du couvent des Arméniens. — Au fond, un mur ; dans ce mur, à gauche, une petite porte. — A gauche, la chapelle, dont les vitraux sont éclairés. — A droite, premier plan, le cloître ; deuxième plan, massif d'arbres. — A l'avant-scène, un peu sur la droite, une croix de pierre. — Nuit noire.

SCÈNE PREMIÈRE

JACOPO, CHŒUR DES FEMMES, *dans la chapelle.*

LE CHŒUR

Ave, maris stella,
Dei mater alma,
Atque semper virgo,
Felix cœli porta !

JACOPO, *accoudé à la croix*

Ces chants consolateurs n'apaisent pas mon âme !
La douleur et la haine égarent ma raison !
Mon père est mort, hélas ! dans sa sombre prison...
Je sais ce que de moi sa mémoire réclame !

LE CHŒUR

Virgo singularis,
Inter omnes mitis,
Nos culpis solutos
Mites fac et castos !

JACOPO

J'ai pu jusqu'à ce jour contenir ma colère
Pour détourner de toi l'implacable danger.
Maintenant je suis libre et je vais te venger !
Du haut du ciel bénis ton vengeur, ô mon père !

Il s'agenouille. L'heure sonne.

Onze heures ! Lorenzo doit être au rendez-vous.
Violetta, par moi prévenue,
Confiante, attend sa venue
Aux pieds du Christ qu'on veut lui donner pour époux !

Allant vers le cloître et appelant à mi-voix

Annina !

ANNINA, *sur le seuil*

Qui m'appelle ?

SCÈNE II

JACOPO, ANNINA

JACOPO

C'est moi... Tu veilles ?

ANNINA

Oui, Seigneur.

JACOPO

Et ta maîtresse ?

ANNINA

A la chapelle
Elle vient de se rendre avec le sénateur.
Moi, selon votre avis, j'attends Gino...

JACOPO

Son maître
Par un autre chemin ici doit arriver,
C'est convenu... Je cours le retrouver.
Mais Gino peut tout compromettre,
Tu m'en réponds ?

ANNINA

Oui... C'est un triple sot
Mais j'aurai de l'esprit pour les deux !

JACOPO

A bientôt !

Il s'éloigne et sort par la petite porte du mur.

SCÈNE III

ANNINA, *seule.*

Oui, c'est un sot... Mais bah ! pourvu qu'il soit fidèle
Et point jaloux !
Il est laid !... Mais qu'importe ? Il sera le modèle
Des bons époux !

I

Gino voudra, c'est l'usage,
Montrer son autorité ;
Grâce à sa... simplicité,
Je veux que, dans le ménage,
Tout aille à ma volonté.

Il faut, la règle est prudente,
Alors qu'on chasse aux maris,
Malgré le charme qui tente,
Se garder des beaux esprits !

II

Gino n'a pas un visage
A faire crier holà !
Mais ce n'est rien que cela,
Si sa mine m'est un gage
Qu'il sera mené... par là !

Il faut, la règle est prudente,
Alors qu'on chasse aux maris,
Malgré le charme qui tente,
Se garder des adonis !

Ici des éclairs illuminent l'horizon.

Doux Jésus, voici l'orage !
Gino mourra de frayeur.

Mais je suis là, par bonheur,
Pour raffermir son courage !

A la lueur d'un éclair, elle aperçoit Gino qui montre la tête par-dessus le mur du fond.

C'est lui !. . Qu'il doit avoir peur !

SCÈNE IV

ANNINA, GINO

GINO, *sur le mur*

Faut-il que j'aime mon maître
Pour m'aventurer ainsi !
Quel grand cœur je fais paraître
En le précédant ici !

Annina s'est dissimulée derrière la croix. Gino descend du mur et, dans l'obscurité, se heurte contre un arbre.

Ah ! qu'est ceci ?
Ce n'est qu'un arbre, Dieu merci !

Partout dans cette nuit sombre
Je vois des esprits sans nombre
Qui traînent des linceuls blancs !
C'est mon âme qui les tente !...
Si je chantais !... Quand on chante,
Ça fait peur aux revenants !

« Vive et folle,
« Ma gondole,
« Comme l'aile d'un lutin... »

Un lutin ! qu'ai-je dit ? Ah ! la terreur m'affole !

Il se trouve en face de la croix.

Dieu !... le voici !
Non !... c'est une croix, Dieu merci !

Il tombe à genoux et se met en prières.

O sainte Vierge,
Je t'offre un cierge,

Trois beaux ducats
A saint Lucas ;
Un buis béni
A saint Landry ;
Un cœur d'argent
Au doux saint Jean ;
Un ex-voto
A saint Bruno,
Si le ciel sauve Gino !

A ce moment, il aperçoit Annina qui s'est éloignée de la croix.

Mais quelle est cette forme blanche ?
Vient-elle pas du sombre bord ?
Elle s'approche .. Elle se penche...
Elle me touche... Je suis mort !

Il se prosterne, la tête dans ses mains.

I

ANNINA

Gino !

GINO

Que viens-je d'entendre ?
Le monstre a la voix bien tendre !

ANNINA

Et le cœur plus tendre encor !

GINO

Annina, mon cher trésor !

ANNINA

Ah ! la drôle de figure
Et la plaisante posture !

GINO

Mais je suis à tes genoux !
Pour mon cœur rien n'est plus doux.

II

ANNINA

Vite, reprends ton courage
Et gagnons ce frais ombrage.

GINO

Seigneur ! il y fait trop noir !

ANNINA

Ici, l'on pourrait nous voir.

GINO

Laisse-moi, je t'en conjure,
Rester dans cette posture !

ANNINA

Te laisser à mes genoux !
Que penserait-on de nous ?

GINO

Est-il endroit plus sûr que l'endroit où nous sommes ?

ANNINA

Le temps presse, il faut en finir !
Puisque tu ne veux pas venir,
Reste seul avec les fantômes.

Elle fait mine de s'en aller.

GINO, *tremblant*

Non, non, je ne te quitte pas !
Nina, je m'attache à tes pas !

D'un ton bravache.

Au moins, ne croyez pas, ma reine,
Si je cède... comme toujours,
Que ce soit la peur qui m'entraîne !
Ce n'est pas la peur, c'est l'amour !

ENSEMBLE

GINO

Ce n'est pas la peur qui m'entraîne,
Ce n'est pas la peur, c'est l'amour !

ANNINA

A ma suite ce qui l'entraîne
C'est la peur bien plus que l'amour !

Ils s'éloignent sous le massif à droite. La petite porte du mur s'ouvre. Entrent Jacopo et Lorenzo.

SCÈNE V

LORENZO, JACOPO, PUIS VIOLETTA

JACOPO

Nous voici !

LORENZO

Quand je touche à la crise suprême,
J'ai peur!

JACOPO

Tout doit vous rassurer :
La nuit est noire et le ciel même
Avec nous semble conspirer !

LORENZO

Mais je ne la vois point !

JACOPO

Un peu de patience,
L'heure n'est point venue...

La demie sonne.

Elle sonne !... Silence !

Violetta paraît au seuil de la chapelle.

C'est elle !

VIOLETTA

O douce volupté,
Qui fait tressaillir tout mon être !
Je respire et me sens renaître
A l'air pur de la liberté !

Au fond d'un cloître sombre
Sans amours,
Ma jeunesse dans l'ombre
Pour toujours
Allait, fleur maladive,
Se flétrir
Sur sa tige captive,
Puis mourir !

Mais, ô grâce divine,
Quel rayon
Tout à coup illumine
Ma prison !
Ce rayon, c'est l'aurore
D'un beau jour
Où va fleurir encore
Notre amour !

O douce volupté
Qui fais tressaillir tout mon être !
Je respire et me sens renaître
A l'air pur de la liberté !

LORENZO

Oui, ta chère âme va renaître
A l'air pur de la liberté !

VIOLETTA

Lorenzo !

LORENZO

Cher trésor !

VIOLETTA

Le Seigneur nous protége
Puisqu'il n'a pas voulu de mon vœu sacrilége !

LORENZO

Couper tes blonds cheveux,
Voiler ton front de reine,

Cacher à tous les yeux
Ta beauté souveraine,
C'est outrager les cieux !

VIOLETTA

Sur mon front du fer implacable
Je sens passer le froid mortel !

Ici Gino et Annina rentrent par la droite, continuant une conversation commencée.

SCÈNE VI

LES MÊMES, GINO, ANNINA

GINO

O ma Ninette, au nom du ciel,
Ne soyez pas inexorable !

ENSEMBLE

JACOPO ET LORENZO

Couper ces blonds cheveux
Voiler ce front de reine,
Cacher à tous les yeux
Sa beauté souveraine,
C'est outrager les cieux !

VIOLETTA

Cacher à tous les yeux
Ma jeunesse sereine,
D'irrémissibles vœux
Porter la lourde chaîne,
Quel martyre odieux !

GINO

Caresser tes cheveux,
Respirer ton haleine,
Contempler tes beaux yeux,
O ma chère inhumaine,
C'est le bonheur des cieux !

ANNINA

Laissez-là mes cheveux,
Ma beauté souveraine !
A soupirer vos vœux
Vous perdez votre peine,
O mon bel amoureux !

JACOPO

Maintenant fuyez ! Le temps vole,
Un instant de retard pourrait être fatal !
Gagnez vite votre gondole...
Prélude dans la coulisse.
Du départ voici le signal !

CHŒUR, *au dehors*

Partons, l'heure s'avance,
Partons vite et gagnons sans bruit
Le vaisseau qui se balance
Comme un grand hamac dans la nuit !

JACOPO

Allons, fuyez !

LORENZO

Et toi ?

JACOPO

Moi, je reste !

LORENZO

Folie !
Avec nous, maître, il faut partir !

JACOPO

Non ! non ! Un grand devoir me lie !
Ici même il doit s'accomplir !
Gagnez la *Belle-Sorrentine*...
Si Dieu m'assiste cette nuit,
Je serai, quand l'aube aura lui,
Près de vous sur la brigantine !

LORENZO

J'obéis. . mais c'est malgré moi !

VIOLETTA

Jacopo, nous prierons pour toi !

JACOPO

Priez pour moi !

ENSEMBLE

CHŒUR, *au dehors*

Partons, l'heure s'avance,
Etc.

Bientôt de la rive natale
Nous reverrons les toits chéris !
Calabre, terre sans rivale,
Nous foulerons tes bords fleuris !

Partons, amis, l'heure s'avance,
Etc.

JACOPO

Partez. l'heure s'avance,
Partez vite et gagnez sans bruit
Le vaisseau qui se balance
Comme un grand hamac dans la nuit !

Bientôt de la rive natale
Vous reverrez les toits chéris.
Calabre, terre sans rivale,
Ils vont fouler tes bords fleuris !

Partez, amis, etc.

LORENZO, GINO

Partons l'heure s'avance,
Partons vite et gagnons sans bruit,
Etc.

Bientôt de la maison natale
Jo reverrai les toits chéris.
Calabre, terre sans rivale,
Je foulerai tes bords fleuris !

Partons, etc.

VIOLETTA, ANNINA

Partons, l'heure s'avance,
Partons vite et gagnons sans bruit,
Etc.

Bientôt de sa maison natale
J'apercevrai les toits chéris.
Calabre, terre sans rivale,
Je foulerai tes bords fleuris !

Partons, etc.

JACOPO

N'hésitez plus!... A Dieu je vous confie!

Contarini paraît sur le seuil de la chapelle.

SCÈNE VII

LES MÊMES, CONTARINI

CONTARINI

— O ciel ! Violetta... Montfort!... Que signifie !
Il l'enlève?... Arrêtez !

LORENZO

Contarini !... Malheur !

JACOPO, *bas.*

Ne craignez rien, je suis là, cher seigneur !

CONTARINI, *à Violetta.*

Ma fille, à la chapelle il vous faut reparaître
Pour fiancer votre âme avec le divin maître,
Car Venise le veut ainsi !

JACOPO, *à Violetta.*

Restez !

Montrant Lorenzo.

Son maître, le voici !

CONTARINI

Le Bravo ! Par saint Marc, que fais-tu donc ici ?

JACOPO

Et toi-même !

CONTARINI

Tant d'insolence !
Ce que je fais ici, moi ? Je viens pour remplir
Un suprême devoir !

JACOPO

Et moi pour accomplir
Une sainte vengeance !

TOUS

Une sainte vengeance !

JACOPO

Te souviens-tu de Giovanna Monti ?

CONTARINI, *à part.*

Comment sait-il ?... Je tombe anéanti !

JACOPO

C'était ma sœur !... Tu l'as déshonorée !
Elle en mourut !... Le père osa venger l'enfant...
Par un lâche au bourreau sa tête fut livrée !
Ce lâche, c'était toi, le beau fils triomphant !

CONTARINI

Ah ! c'en est trop !

JACOPO

Et moi, pour racheter sa vie,
J'attachai sous mon front le masque d'infamie !

Depuis dix ans, ce stigmate odieux
Me ronge le visage et me brûle les yeux !
Je te le rends !

Il arrache son masque et le lui jette à la face.

CONTARINI

O rage !
Ton père sous les plombs expiera cet outrage !

JACOPO

Si mon père vivait, serais-je donc ici ?
Mon père est mort ! Tu vas mourir aussi !

LE CHŒUR, *dans la chapelle.*

Regina cœli, lætare,
Alleluia !

JACOPO

Ecoute, c'est ton glas qui sonne !

CONTARINI

Je devine,
Tu veux m'assassiner !

JACOPO, *fièrement.*

La nuit, sur le canal,
Le Bravo quelquefois pour Venise assassine,
Mais Jacopo se venge en un combat loyal !

CONTARINI

Eh bien donc, une épée !

JACOPO

Voici la mienne... elle est solidement trempée.

S'adressant à Lorenzo.

Voulez-vous me prêter la vôtre, cher seigneur ?

LORENZO, *la lui donnant.*

Elle est sans tache, elle te portera bonheur.

JACOPO

En garde !
De là-haut ma sœur nous regarde !

CONTARINI

En garde !

ENSEMBLE

LE CHŒUR, *dans la chapelle.*

Regina cœli, lætare,
Alleluia !

JACOPO

Seigneur, guide mon bras!
J'ai foi dans ta justice ;
Ne m'abandonne pas !
Que l'infâme périsse !
Que mon sang outragé
Dans son sang soit vengé !
O Seigneur, fais justice !

CONTARINI

Satan, guide mon bras,
Satan, sois mon complice !
Ne m'abandonne pas,
Que l'insolent périsse !
Que mon nom outragé
Dans son sang soit vengé !
Satan, sois mon complice !

LORENZO, GINO, ANNINA

Seigneur, guide son bras,
Fais luire ta justice,
Ne l'abandonne pas,
Que l'infâme périsse !
Que son sang outragé
En ce jour soit vengé !
O Seigneur, fais justice !

VIOLETTA

Seigneur, je tremble, hélas !
J'ai peur de ta justice !
Ne les condamne pas,
Qu'aucun d'eux ne périsse !
Leur honneur outragé
Est bien assez vengé !
Apaise ta justice !

Les personnages sont ainsi placés : Lorenzo debout, sur les marches de la chapelle ; Contarini et Jacopo au milieu du théâtre ; Violetta, à genoux, embrassant la croix ; Gino et Annina dans le fond.

CONTARINI

En garde !

JACOPO

De là-haut ma sœur nous regarde !

Ils se battent, les nuages se dissipent. La lune apparaît.

ENSEMBLE

LE CHŒUR, *dans la chapelle.*

Alleluia !
Alleluia !

LORENZO

Faites, Seigneur,
Qu'il soit vainqueur !

VIOLETTA

Pitié, Seigneur !
Pitié, Seigneur !

GINO

Mon faible cœur
Bondit de peur !

ANNINA

O lâche cœur,
Dompte ta peur !

Jacopo est touché au bras.

CONTARINI

Touché !

LORENZO

Ciel !

JACOPO

Ce n'est rien... Une piqûre !... En garde !
De là-haut ma sœur nous regarde !
Ils se battent.

REPRISE DE L'ENSEMBLE

LE CHŒUR, *dans la chapelle.*

Alleluia !
Alleluia !

LORENZO

Faites, Seigneur,
Qu'il soit vainqueur !

VIOLETTA

Pitié, Seigneur !
Pitié, Seigneur !

GINO

Mon faible cœur
Bondit de peur !

ANNINA

O lâche cœur,
Dompte ta peur !

LE CHŒUR DES MATELOTS, *au dehors.*

Partons, l'heure s'avance,
Partons vite et gagnons sans bruit
Le vaisseau qui se balance
Comme un grand hamac dans la nuit !
Jacopo fait mine de rompre.

CONTARINI

Tu recules ?

JACOPO

Dieu t'a jugé !

Meurs donc !

CONTARINI, *tombant.*

Ah ! je suis mort !

JACOPO

Père, je t'ai vengé !

Le mur du fond s'écroule. L'aube apparaît ; l'on aperçoit la *Belle-Sorrentine* prête à lever l'ancre et, dans le fond, le panorama de Venise au matin.

Le rideau tombe.

Paris. — Imprimerie Kugelmann, 12, rue Grange-Batelière.

www.ingramcontent.com/pod-product-compliance
Lightning Source LLC
LaVergne TN
LVHW010037230826
846091LV00005B/1741